UN PASO AL DÍA

180 Daily BrainTeasers for Spanish Vocabulary

Cathy Wilson & William A. Fleig

Good Year Books

An Imprint of Scott Foresman / Addison Wesley
A Division of Addison Wesley Longman

D0714185

Good Year Books

are available for most basic curriculum subjects plus many enrichment areas. For more Good Year Books, contact your local bookseller or educational dealer. For a complete catalog with information about other Good Year Books, please write:

Good Year Books
Scott, Foresman
1900 East Lake Avenue
Glenview, Illinois 60025

Design and illustration by Nancy Rudd.
Copyright © 1997 Good Year Books.
All rights reserved.
Printed in the United States of America.

ISBN 0-673-36349-X

1 2 3 4 5 6 7 8 9 10 – SY – 05 04 03 02 01 00 99 98 97 96

1. *blanco*

2. 1. *grande;* 2. *terminar/ acabar;* 3. *débil;* 4. *dedo*

3. A bird in the hand is worth two in the bush; A person is judged by his actions/Actions speak louder than words; To kill two birds with one stone (literally, with one shot).

4. *tú*

5. Translation: When you tell stories, count how many stories you tell, because when you tell stories, you never know how many stories you are telling.

6. *ayer; gato; creo; esta;* Goya

7. 1. c; 2. a; 3. d; 4. b

8. 1. *el sol;* 2. *la librería;* 3. *la nariz*

9. The letter *m* appears twice in *momento,* once in *minuto,* and not at all in *cien años.*

10. *El tiempo es oro.* (Time is money.)

11. *ropa; dólar; padres; ojos;* El Prado

12. *Quien de joven no trabaja, de viejo duerme en paja.* (Translation: If you don't work while you're young, you'll sleep in a haystack when you're old.)

13. *¿Qué piensas hacer?*

14. *ahora; baño, caño, daño; bajo; boca, foca, loca, roca, toca; dama, fama, llama, rama; color, dolor*

15. *doy, hoy, soy; al, cual, cuál, tal; de, dé, le, me, que, qué, rey, se, sé, te, té; cien, quien, quién*

16. 1. d; 2. e; 3. b; 4. a; 5. c

17. Samuel

18. *treinta* (30); *siete* (7); *setenta y dos* (72); *cuarenta y cinco* (45)

19. Group 1 ends in *-oy;* Group 2 ends in *-go;* Group 3 ends in *-zco*

ANSWER KEY

20. 1. b; 2. e; 3. a; 4. c

21. 1. *verdad;* 2. *falso (Hay cincuenta y dos…*);
3. *falso (Hay doce…*);
4. *verdad;* 5. *verdad
(… sesenta y seis en un año bisiesto* [leap year])

22. 1. *¿Qué estudias?;* 2. *¿Qué tal?/¿Cómo estás? /
¿Cómo te sientes?;*
3. *¿Cuántas hermanas tienes?;* 4. *¿De qué color es?*

23. *año; abuela; grande; más*

24. *ch* and *ll*

25. *nieve, abrigos, julio*

26. *español*

27. 1. d; 2. a; 3. e; 4. b; 5. f; 6. c

28. *ayer a las cuatro; anoche a las nueve; [ahora]; mañana; pasado mañana*

29. *los pies,* Beto; *una muela,* María; *el estómago,* Juan; *un dedo,* Alicia

30. *caro, nuevo, barato, pequeño, negro, gris*

31. *No es necesario que…*

32. 1. d; 2. a; 3. e; 4. c; 5. b

33. man: *guapo, trabajador;* woman: *simpática;* both: *joven, inteligente, deportista*

34. *tercero; marzo; quince; viernes*

35. 1. a, c, d; 2. b, c, f, g; 3. e, h

36. *el gato*

37. *barato; arriba; pequeño; bajo; lejos; malo; perezoso; rápidamente*

38. *tercero; comida; enseñar; jabón; parque; séptimo; refresco; viento*

39. 1. d; 2. e; 3. b; 4. a; 5. c

40. 1. d; 2. c; 3. b; 4. e; 5. a

ANSWER KEY

41. Don't look a gift horse in the mouth; A person is known by the company he keeps; An ounce of prevention is worth a pound of cure.

42. *lago; museo; playa; montañas; campo; selva*

43. *un documental*

44. to pull someone's leg

45. *bajar; cerrar; día; poco; sin; vacío*

46. *un cerdo/un puerco; un ratón; un gato; un perro; un oso; un tigre; un pato; un conejo*

47. trunk; *baúl; tronco; trompa*

48. 1. *a veces;* 2. *¡Claro que sí!/¡Cómo no!;* 3. *más tarde;* 4. *pero*

49. *Me cae bien que…*

50. 1. a, b; 2.a, b; 3. a, c; 4. c; 5. c; 6. b

51. *el viento*

52. A friend in need is a friend indeed; To each his own/Everyone to his own taste; Hope springs eternal/While there's life, there's hope.

53. 1. *Dónde, están, lápices;* 2. *Cuál, número, teléfono;* 3. *quién*

54. *tampoco; algún; nada; nadie; siempre*

55. *les, las,* or *los; san, sin,* or *son* (though whatever the combination, no vowel should be used more than once)

56. 1. c; 2. a; 3. d; 4. b; 5. e; 6. f

57. dancing

58. *es, esta, fe, se, si, sea, te, así, está, sé, sí, té,…*

59. *montar; trece; amigo; bebida; mujer; champú*

60. *Adiós; Hasta mañana; Hasta luego; Hasta la vista; Hasta pronto; Ciao; Nos vemos; Buenas noches*

61. *derecha; sobre; detrás; fuera*

ANSWER KEY

62. *doler, soler; den, ten, ven; hecho, lecho, pecho, techo; bola, cola, hola, Lola, mola; anoche; apagar*

63. 1. screen; 2. mouse; 3. printer; 4. keyboard; 5. disk drive; 6. disk

64. *sábado, domingo; noviembre, diciembre; diez, veinte; quinientos, seiscientos*

65. Better late than never; Don't put off until tomorrow what you can do today; Life is not a bed of roses.

66. 1. 1,492; 2. 879; 3. 21,343; 4. 1,513; 5. 237,000; 6. 316

67. *papá, pelirrojo, alto; madre, rubio, ojos, azules; hermana, baja, rubio, ojos, grises; más guapo, todos*

68. 1. *cabeza;* 2. *pies;* 3. *mano;* 4. *nariz;* 5. *oído;* 6. *garganta;* 7. *brazo;* 8. *pierna;* 9. *codo;* 10. *boca*

69. 1. d; 2. e; 3. f; 4. g; 5. a; 6. b; 7. c

70. *Dudo que…*

71. 1. *pez;* 2. *pájaro;* 3. *gato;* 4. *tortuga;* 5. *perro;* 6. *conejo*

72. Rogelio, *sandwich de queso;* Arturo, *ensalada;* Daniel, *perro caliente*

73. 1. *invierno;* 2. *primavera;* 3. *verano;* 4. *otoño;* Bolivia, no; Colombia, yes; Uruguay, no

74. 1. b; 2. d; 3. e; 4. a; 5. c

75. Spare the rod and spoil the child; Barking dogs don't bite; Actions speak louder than words.

76. <u>*Verduras:*</u> *judías, cebollas, papas;* <u>*Frutas:*</u> *plátanos, peras, manzanas;* <u>*Bebidas:*</u> *leche, café, jugo, agua*

77. 1. a; 2. b, c; 3. a; 4. d; 5. a; 6. d; 7. b; 8. d

78. *el Río Bravo*

ANSWER KEY

79. 1. dancer, *bailar;* 2. banker, *el banco;* 3. singer, *cantar;* 4. butcher, *la carne;* 5. letter carrier, *la carta;* 6. chef, *la cocina/ cocinar;* 7. florist, *la flor;* 8. farmer, *la granja;* 9. baker, *el pan*

80. *muchacha; huevo; charlar; chaqueta; cuando; jamón; partido*

81. *Busca el número; Descuelga… ; Marca el número; Habla; Di adiós; Cuelga.*

82. 1. c; 2. d; 3. e; 4. b; 5. a

83.

O	Ñ	U	C	T	O
D	N	O	I	R	C
I	U	R	E	E	H
E	E	T	N	S	O
Z	V	A	X	E	U
S	E	U	W	I	N
I	I	C	S	S	O
	N				

84. *Hace sol. No hace sol. Hace sol a la playa. No hace sol a la playa. Hace calor. No hace calor. Hace calor a la playa. No hace calor a la playa.*

85. 1. c; 2. a; 3. b; 4. e; 5. f; 6. d

86. Chile

87. When in Rome, do as the Romans do; Rome wasn't built in a day; It's Greek to me.

88. *Gone with the Wind; Night of the Living Dead; Star Wars; Snow White; Jaws*

89. *la luna*

90. *PROFESIÓN:* 1. *médico (a);* 2. *abogado (a);* 3. *arquitecto (a); CUERPO:* 4. *nariz;* 5. *mano;* 6. *pie; FAMILIA:* 7. *padre;* 8. *madre;* 9. *hermano (a)*

91. *plátano*

92. *Me pregunto si…*

ANSWER KEY

93. beat; 1. *latido;* 2. *ritmo;* 3. *batió (batir)*

94. 1. *Alice in Wonderland;* 2. *The Wizard of Oz;* 3. *Little Red Riding Hood;* 4. *Puss in Boots;* 5. *Peter and the Wolf;* 6. *Cinderella;* 7. *The Ugly Duckling;* 8. *Bluebeard*

95. 1. *verdad;* 2. *falso (Hay cuatro…);* 3. *verdad;* 4. *falso (Hay dieciséis…);* 5. *verdad*

96. *el armadillo*

97. *bolígrafo; lápices; carpetas y cuadernos*

98. 1. *la mano;* 2. *la lavadora;* 3. *las uñas;* 4. *el secador (de pelo);* 5. *los dedos del pie*

99. To carry coals to Newcastle; Easy come, easy go/Here today, gone tomorrow; To be as alike as two peas in a pod.

100. *una nube*

101. *vender; tener; decir; escuchar; permitir; escribir; estudiar; estar*

102. 1. *abuelo;* 2. *mañana;* 3. *derecha;* 4. *muñeca;* 5. *tobillo*

103. 1. *bajo* should be *alto;* 2. *un abrigo* should be *un traje de baño;* 3. *la vaca* should be *el caballo*

104. Eva

105. Birds of a feather flock together; The early bird catches the worm; God helps those who help themselves.

106. 1. *profesora;* 2. *entrenador;* 3. *artista*

107. 1. *pájaro;* 2. *tortuga;* 3. *conejo*

108. *actual* = current, present-day; *librería* = bookstore

109. This tongue-twister practices the difference between the single *r* sound *(ere)* and the *erre* sound that occurs with *rr* or initial *r.*

ANSWER KEY

110. For example: *agua, al, ala, alma, gala, gama, guata, el, la, lama, lata, le, lema, mal, mala, Málaga, malage, Malta, mamá, mata, mate, maula, metal, tamale, te, té, tela, tema, tu, tú*

111. *peso, signo*

112. 1. *tu*; 2. *té*; 3. *mí*

113. *de cristal; roja*

114. 1. *¿Piensas ir al cine?*; 2. *¿Cuánto cuesta un boleto?*; 3. *¿Dónde está el cine?*; 4. *¿A qué hora empieza la película?*; 5. *¿Cuánto tiempo dura (la película)?* 6.*¿Sabes cómo es (la película)?*

115. All that glitters is not gold; To be worth its weight in gold; To promise the sun, moon, and stars

116. 1. d; 2. c; 3. a; 4. b

117. *Estoy mal; Así, así; Estoy enfermo(a); Me siento bien/mal; Tengo fiebre/ catarro/gripe/dolor de cabeza, etc.; Regular*

118. 1. Panamá; 2. Bolivia; 3. Argentina; 4. Colombia; Bogotá

119. 1. *en el futuro*; 2. *en el pasado*; 3. *en el futuro*; 4. *ahora*; 5. *en el pasado*

120. 1. *poco*; 2. *cuando*; 3. *paso*; 4. *menos*

121. *peinar; piedra; puerta; pimienta; pariente; paraguas*

122. When the cat's away, the mice will play; At night, all cats are gray; To get along like cats and dogs

123. n. = *nombre* (noun); m. = *masculino*; f. = *femenino*

124. *bueno; cuerpo; fuerte; nueve; nuevo*

125. to put your foot in your mouth

126. 1. *corto*; 2. *triste*; 3. *mejor*; 4. *difícil*; 5. *presente*; 6. *estrecho*; 7. *dulce*; 8. *menor*

127. *un programa de acción*

ANSWER KEY

128. *Poco a poco se va lejos;* Slow but steady wins the race.

129. l. Honduras; 2. Ecuador; 3. España; 4. México; Madrid

130. 1. g; 2. e; 3. f; 4. a; 5. b; 6. h; 7. c; 8. d

131. *geometría o matemáticas*

132. Nothing bad lasts forever; Every cloud has a silver lining; Leave well enough alone.

133. *álgebra; algodón* (cotton); *jarra* (jar); *naranja* (orange); *azúcar* (sugar)

134. to keep an eye on

135. *el murciélago* (bat)

136. *geografía*

137. 1. c or b; 2. a; 3. f; 4. e; 5. d; 6. b

138. 1. *brazo;* 2. *sur;* 3. *vaso;* 4. *cama*

139. 1. Honduras; 2. Costa Rica; 3. República Dominicana; 4. Puerto Rico

140. To get off to a good start; To get up on the wrong side of the bed; To split hairs

141. *garganta; sótano; setenta; tamaño; humano; ventana; reciente; semana*

142. 1. celery; 2. broccoli; 3. squash; 4. cabbage; 5. Brussels sprouts; 6. asparagus; 7. spinach; 8. peas; 9. radishes; 10. carrots

143. 1. *científica;* 2. *policía;* 3. *atleta*

144. court; 1. *la cancha;* 2. *la corte;* 3. *el tribunal*

145. 1. *di;* 2. *fui;* 3. *comí*

146. *un sandwich; una sandía*

147. *enero, el Día de los Reyes, tulipanes y narcisos*

148. 1. b; 2. d; 3. a; 4. c

149. 1. *está, ésa, está;* 2. *ningún, azúcar;* 3. *Dónde, pregunté*

ANSWER KEY

150. 1. c; 2. a; 3. d; 4. e; 5. b

151. *primero, segundo, tercero, cuarto, quinto, sexto, séptimo, octavo, noveno, décimo*

152. 1. c; 2. d; 3. a; 4. b; 5. e

153. 1. d; 2. f (or a); 3. b; 4. a

154. 1.e; 2. c; 3. d; 4. a; 5. b

155. To find fault with everything; When pigs have wings; Not to mince words/To be outspoken

156. *¿Tiene Ud. la llave de su cuarto?*

157. 1. d; 2. g; 3. f; 4. e; 5. a; 6. b; 7. c

158. 1. *cuatro;* 2. *piedra;* 3. *cartera;* 4. *vela*

159. 1. *después;* 2. *debajo;* 3. *salir;* 4. *hora*

160. 1. *tenía, colección, tú;* 2. *decía, exámenes, difíciles, Sólo;* 3. *qué, salió, papá, Sí*

161. 1. *sopa* should be *jabón;* 2. *equipaje* should be *equipo;* 3. *huevos* should be *huesos*

162. 1. *sueño;* 2. *sed;* 3. *razón;* 4. *miedo;* 5. *calor;* 6. *hambre*

163. 1. f; 2. a; 3. g; 4. e; 5. b; 6. c; 7. d

164. 1. f; 2. b; 3. a; 4. c; 5. c or d; 6. a; 7. e; 8. f

165. *una pera*

166. *un oso; un tigre; un canguro; un burro; un buho; un ciervo / un venado; un toro; un perro* (more particularly a collie, *un pastor escosés*)

167. 1. firefighter; 2. carpenter; 3. mail carrier; 4. electrician; 5. plumber; 6. forest ranger; 7. gardener; 8. barber

168. lime; lemon; tangerine; orange; grapefruit

ANSWER KEY

169. It never rains but it pours; You have to take the good with the bad; There's nothing new under the sun.

170. 1. *verdad;* 2. *falso (Hay sesenta…);* 3. *falso (Hay trece…* or *Hay cincuenta estrellas);* 4. *falso (dos de cada estado)*

171. 1. a; 2. c; 3. d; 4. e; 5. b

172. 1. *¿Cuántos años tienes?;* 2. *¿De dónde eres?;* 3. *¿Qué tiempo hace allí?;* 4. *¿Qué hacen los jóvenes los fines de semana?*

173. 1. *en el pasado;* 2. *en el futuro;* 3. *ahora;* 4. *ahora*

174. *El cuarto es amarillo; La cama está en el cuarto: Está en la cama; Está en el cuarto; Es amarillo; Es el cuarto; Es la cama.*

175. *a la playa,* Marta; *al gimnasio,* Jorge; *a una clase de trombón,* Pilar; *a una exposición,* Pablo

176. *vender; apagar; abrir; sentarse/acostarse; mojado; frío; dulce; sucio*

177. 1. c; 2. g; 3. d; 4. f; 5. e; 6. a; 7. b

178. 1. blueberry; 2. peach; 3. plum; 4. cherry; 5. raspberry; 6. nectarine; 7. strawberry; 8. grape

179. 1. c, iv; 2. d, i; 3. e, ii; 4. b, v; 5. a, iii

180. There's many a slip 'twixt the cup and the lip; Least said, soonest mended/ The less said, the better; Silence is golden.

ANSWER KEY

Adivinanza

Try this food riddle!

No soy plata, plata no soy;
Y te he dicho quien yo soy.
¿Qué fruta soy?

Raíces

Spanish is largely based on Latin, the language of ancient Rome. What Spanish words do you think might have come from these Latin words?

PROFESSIO	CORPUS	FAMILIA
1. medicus	4. nares	7. pater
2. advocatus	5. manus	8. mater
3. architectus	6. pes	9. germanus

¡Por supuesto!

All except one of the following are ways to express certainty. Can you find the inappropriate expression?

> Me pregunto si...
> Claro que...
> Hay que admitir que...
> Estoy seguro que...

Adivinanza

Sin ser casa, tengo cuartos;
sin morirme, nazco nueva,
y, a pesar de que no como,
algunas veces voy llena.
¿Qué soy yo?

¿Y que significa...?

Each of these sentences contains a different word or expression where in English we would use the same word. What English word is that? What are the three Spanish equivalents?

1. El médico escucha el latido del corazón.
2. Me encanta el ritmo de la canción.
3. El pájaro batió las alas y salió rápido.

¿Te gustan las películas?

Sometimes film titles are quite different in another language. Of what famous U.S. films do you think these might be the titles?

Lo que el viento se llevó

Noche de los muertos vivientes

Guerra de las galaxias

Blanca Nieve

Tiburones

Cuentos de niños

These are the Spanish names of what popular children's stories?

1. Alicia en el país de las maravillas
2. El Mago de Oz
3. Caperucita Roja
4. El gato con botas
5. Pedro y el lobo
6. La Cenicienta
7. El patito feo
8. Barba azul

Refranes

Can you think of English
equivalents of these Spanish
proverbs and expressions?

Cuando a Roma fueres, haz lo que vieres.
No se ganó Zamora en una hora.
Es griego (o: chino) para mí.

Medidas...¿verdad o falso?

Are these statements true *(verdad)* or false *(falso)*? If false, correct them.

1. Hay tres pies en una yarda.
2. Hay dos cuartos en un galón.
3. Una yarda cuadrada tiene nueve pies cuadrados.
4. Hay veinte onzas en una libra.
5. Hay cien centímetros en un metro.

Y el país es...

Here's a geography riddle!

¿Qué país sudamericano se encuentra en una tortilla?

¿Sabes...?

Do you know the answer to this one?

¿Cuál es el animal que nace armado?

¿Con qué parte...?

What part of the body do you associate with each of these articles of clothing or jewelry?

1.	el sombrero	a)	las piernas
2.	los pantalones	b)	los pies
3.	los calcetines	c)	la cabeza
4.	el collar	d)	la muñeca
5.	los aretes	e)	el cuello
6.	la pulsera	f)	las orejas

Necesidades para la escuela

Complete the sentences by unscrambling the letters to form words.

Para la escuela necesito mi... (flíogobar)

También necesito... (ápelics)

En mi armario hay... (pearcats y drunesoca)

¿Cuántas frases?

How many sentences can you
create from these words?
(Try to come up with at
least five!) You can only use
each word once in a sentence.

| no | sol | playa | la | hace | a | calor |

¿Cómo se relacionan?

Note how each pair on the left is related. Can you complete the pairs on the right?

1. la pierna : el pie	el brazo : ¿?
2. los platos : el lavaplatos	la ropa : ¿?
3. el lápiz de labios : los labios	el esmalte : ¿?
4. la ropa : la secadora	el pelo : ¿?
5. la mano : los dedos	el pie : ¿?

¿Ves los números?

How many numbers can you find?

O	N	U	C	T	O
D	U	O	I	R	C
I	E	R	E	E	H
E	V	T	N	S	O
Z	E	A	X	E	U
S	I	U	W	I	N
I	N	C	S	S	O

Refranes

Can you think of English equivalents of these Spanish proverbs and expressions?

> Echar agua en el mar.
> Lo que el agua trae, el agua lleva.
> Parecerse como dos gotas de agua.

¿Con qué clase...?

In which class would you most likely use these items?

1. un chandal
2. una calculadora
3. unos marcadores de colores
4. un mapa del mundo
5. un micróscopo

a) las ciencias
b) la geografía
c) la educación física
d) las matemáticas
e) el arte

Adivinanza

Can you solve
this riddle?

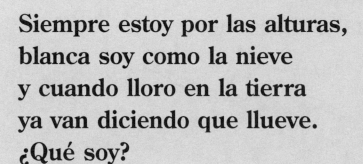

Siempre estoy por las alturas,
blanca soy como la nieve
y cuando lloro en la tierra
ya van diciendo que llueve.
¿Qué soy?

¡Hablando por teléfono!

Can you arrange these steps in order so as to explain to someone how to make a telephone call?

Di adiós.

Marca el número.

Busca el número.

Cuelga.

Descuelga y espera el tono de marcar.

Habla.

Raíces

Can you figure out what Spanish verbs came from these Latin ones? (Hint: Latin infinitives end in the letter *e*. In what letter do Spanish infinitives end?)

vendere	**dicere**	**permittere**	**studere**
tenere	**auscultare***	**scribere**	**stare**

Try not to think about how this word looks. Just say it four or five times, each time a little faster, and you will probably begin to hear the Spanish verb.

¿Dónde está la otra parte?

Can you find the appropriate ending for each word fragment on the left?

¿Y O?

mucha-	món
hue-	do
char-	ueta
chaq-	cha
cuan-	ido
ja-	lar
part-	vo

¿Y qué sigue?

The two words in each line suggest a sequence. Can you come up with the third word to complete the idea?

1. hijo, padre, ...
2. ayer, hoy, ...
3. izquierda, centro, ...
4. hombro, codo, ...
5. cadera, rodilla, ...

¿Qué hacen?

Can you give a Spanish root word for each of these professions? Can you give their English equivalents?

1. bailarín	4. carnicero	7. florero
2. banquero	5. cartero	8. granjero
3. cantante	6. cocinero	9. panadero

¡Falso!

Each of these sentences contains an incorrect fact. Can you find the word that is wrong and correct it?

1. Michael Jordan, el jugador de básquetbol, es bastante bajo.

2. Para ir a la playa, uno debe llevar un abrigo.

3. La vaca que corre más rapidamente gana el Kentucky Derby.

UN PASO AL DÍA

78

Adivinanza

Do you know the answer
to this riddle?

¿Cuál es el río más aplaudido?

¡OLÉ!
¡ESTUPENDO!
¡BRAVO!

Y la respuesta es...

Read the descriptions.
Then answer the question.

Eva es bastante alta.
MariCarmen es más
alta que Eva. Linda es
aun más alta que ella.
¿Quién es la más baja?

¿Con qué se comen?

With what would you eat each of these foods?

1. sopa de verduras
2. carne
3. helado
4. sandwiches
5. cereal
6. pan
7. guisantes
8. plátanos

a) una cuchara
b) un tenedor
c) un cuchillo
d) las manos

Refranes

Can you think of English equivalents of these Spanish proverbs and expressions?

Dios los cría y ellos se juntan.
Al que madruga, Dios le ayuda.
A Dios rogando y con el mazo dando.

¿Qué te gusta comer?

Unscramble the letters to find the foods. Then place each of them in its correct food group.

hcele	reaps
céfa	lloaecbs
lápansot	suaíjd
gouj	nnmasaaz
auga	asapp

Verduras
Frutas
Bebidas

¿Quién lo dice?

Choose from the list to tell who might make each of these statements.

1. "No comprendo por qué nunca hacen su tarea."

2. "Uds. tienen que practicar más si quieren ganar."

3. "Para mí, el dibujo es bastante fácil."

artista

entrenador

estudiante

médico

profesora

Refranes

Can you think of
English equivalents of
these Spanish proverbs?

Quien bien te quiere te hará llorar.
Perro que ladra no muerde.
Obras son amores, que no buenas razones.

¿Qué animal lo dice?

Choose from the list to tell which animal might make each of these statements.

1. "Estoy cansado. Necesito un árbol para descansar."

2. "No quiero ir más rápido. ¿Por qué tiene tanta prisa todo el mundo?"

3. "Tengo hambre. ¿No hay zanahorias por aquí?"

conejo
gato
pájaro
pez
tortuga

¿A qué hora...?

Can you match the activity on the left with the logical time?

1 Me acuesto a esta hora.	a) 6:00 de la mañana
2. Salgo para la escuela.	b) 10:00 de la noche
3. Almuerzo con mis amigos.	c) 4:00 de la tarde
4. Suena el despertador y me levanto.	d) 7:15 de la mañana
5. Después de las clases hago mi tarea.	e) 11:30 de la mañana

Amigos falsos

Some words in Spanish and English are similar, but do not mean the same thing. These are called false cognates. Can you find the two false cognates in this paragraph? What are their English equivalents?

> **Necesito pedir prestados unos libros sobre la tecnología actual. Por eso, voy a la librería.**

Estaciones del año

With what season do you associate these months? Would you think the same way if you lived in Bolivia? How about Colombia? And Uruguay?

1. **diciembre–febrero**
2. **marzo–mayo**
3. **junio–agosto**
4. **septiembre–noviembre**

Trabalenguas

How quickly can you say this tongue-twister?

Erre con erre cigarro
erre con erre barril
rápido ruedan los carros
cargados de azúcar
del ferrocarril.

Para pensar

What do each of these teenagers eat?

Rogelio, Arturo y Daniel comen en la cafetería de la escuela. Uno come un perro caliente, otro come un sandwich de queso y el otro come una ensalada.

Rogelio es vegetariano. En el almuerzo, Arturo prefiere comer zanahorias, apio, rábanos, brécol y lechuga. ¿Qué come cada uno?

¿Cuántas palabras...?

How many words can you make from this word?

GUATEMALA

Animales

Unscramble each group of letters
and you'll find the animals.

1. zep
2. joraáp
3. goat
4. rotgtua
5. rrepo
6. ojenco

Currículum vitae

If you were writing a résumé for a job, you might include all but two of the following categories. Which two would not be appropriate for a résumé?

apellido	número de teléfono
peso	dirección
ocupación actual	signo
estudios	fecha de nacimiento

Currículum vitae

¡Estoy de acuerdo!

All except one of these are ways to express agreement with someone. Can you identify the one that is not?

Yo también creo que...
Tiene Ud. toda razón en...
Dudo que...
Yo tampoco creo que...

¿Qué palabra?

Accents can change the meaning of words in Spanish. Read each sentence and choose the appropriate word to complete it correctly.

1. Paco, ¿dónde está ___ suéter? *(tú, tu)*
2. ¿Sirven ____ helado aquí? *(té, te)*
3. ¿Preparas algo para ____? *(mí, mi)*

UN PASO AL DÍA

¿Con qué deporte se asocia?

Can you match each of the sports on the left with the appropriate item on the right?

1. el tenis	a) la cesta
2. el béisbol	b) la caña
3. el fútbol	c) el disco
4. la equitación	d) la raqueta
5. el jai alai	e) el guante
6. la pesca	f) el balón
7. el hockey	g) el caballo

¿Sabes...?

Can you answer these riddles?

¿De qué estaba hecho el zapato de cristal de Cenicienta?

¿De qué color era la capa de Caperucita Roja?

Y la palabra es...

Can you unscramble these letters to find parts of the body?

1. zebaca
2. spei
3. namo
4. ranzi
5. díoo

6. rtangaag
7. rbaoz
8. nepira
9. oocd
10. caob

¡Pregúntale!

How would you ask a friend…

1. if he or she is planning to go to a movie?
2. how much a ticket costs?
3. where the movie theater is located?
4. what time the movie starts?
5. how long it lasts?
6. if he or she knows what the film is like?

¡Mi familia!

Can you fill in the blanks with
vowels to describe Paco's family?

Mi p_p_ es p_l_rr_j_ y muy _lt_.

Mi m_dr_ tiene el pelo r_b__ y _j_s _z_l_s.

Mi h_rm_n_ es b_j_ con pelo r_b__ y _j_s gr_s_s.

¡Y yo soy el m_s g__p_ de t_d_s.

Refranes

Can you think of English equivalents of these Spanish proverbs and expressions?

No es oro todo lo que reluce.
Valer su peso en oro.
Prometer el oro y el moro.

¿Cuál es el número?

Can you figure out each of these numbers?

1. mil cuatrocientos noventa y dos
2. ochocientos setenta y nueve
3. veintiún mil trescientos cuarenta y tres
4. mil quinientos trece
5. doscientos treinta y siete mil
6. trescientos dieciséis

Pocas palabras

Can you select the correct
word to answer each question?

1. ¿Cuántos libros hay en la mesa?
2. ¿Cuánto dinero tienes en tu bolsillo?
3. ¿Cuánta tarea tienes esta noche?
4. ¿Cuántas sillas necesitas?

a) Mucha
b) Una
c) Poco
d) Uno

Refranes

Can you think of English equivalents of these Spanish proverbs and expressions?

1. Más vale tarde que nunca.
2. No dejes para mañana lo que puedes hacer hoy.
3. La vida no es un lecho de rosas.

¿Cómo te sientes?

Here is one way to tell
how you are feeling.
Can you think of at
least four more?

Estoy bien.

¿Cómo se relacionan?

Can you complete the series on the
right based on those on the left?

100
200
300

1. lunes, martes, miércoles	viernes, …
2. marzo, abril, mayo	octubre, …
3. tres, seis, doce	cinco, …
4. ciento, doscientos, trescientos	cuatrocientos, …

¿Dónde estamos?

Unscramble the letters to find four Spanish-speaking countries. Then use the circled letters to find the capital of one of those countries.

1. ámanpa _ _ _ _ _ _
2. aviboil _ _ _ _ _ _ _
3. gantirane _ _ _ _ _ _ _ _ _
4. malocobi _ _ _ _ _ _ _ _

The capital city is _____

¿Qué parte es?

Each of these words refers to a part of the computer. Can you figure out what each word refers to?

1. la pantalla
2. el ratón
3. la impresora
4. el teclado
5. la unidad de discos
6. el disco

¿Cuándo?

Did these things take place in the past, are they happening now, or will they happen in the future?

1. Voy a salir para México el martes.	en el pasado
2. Anoche compré regalos para mi hermano.	ahora
3. En diez minutos salgo para la escuela.	en el futuro
4. Estoy estudiando.	
5. Estaba hablando por teléfono cuando entraron.	

¡Y la nueva palabra es...!

What new words can you make by adding one
letter to the beginning of each of these words?

___ oler   ___ ola
___ en   ___ noche
___ echo   ___ pagar

¿_o?

Expresiones populares

Can you complete these common
Spanish expressions?

1. poco a...
2. de vez en...
3. paso a...
4. más o...

¿Dónde está...?

Can you give the opposite of these words?

izquierda
debajo
delante
dentro

UN PASO AL DÍA

¿Dónde está la otra parte?

Can you find the appropriate ending for each word fragment on the left?

pei-	guas
pie-	iente
pue-	dra
pim-	ienta
par-	nar
para-	rta

¡Adiós!

How many different ways do you
know to say good-by in Spanish?

Refranes

Can you think of English equivalents for these Spanish proverbs and expressions?

Cuando el gato no está, bailan los ratones.
De noche todos los gatos son pardos.
Llevarse como perros y gatos.

¿Dónde está la otra parte?

Can you find the appropriate ending for each word fragment on the left?

mon-	pú
tre-	ida
ami-	ce
beb-	jer
mu-	tar
cham-	go

Diccionario

Look at this entry from a Spanish dictionary. For what do the three abbreviations stand?

can *n.* Lata *f.: a can of sardines,* una lata de sardinas. Bote *m.: a can of peaches,* un bote de melocotones.

¿Cuántas palabras...?

How many words can you make from the word…

FIESTA

Raíces

A diphthong is two vowels that together make one vowel sound. For example: *Di<u>os</u>, b<u>ie</u>n, p<u>ue</u>do, c<u>ua</u>tro*. If you replace the *o* in the following Latin words with a common Spanish diphthong, you can probably figure out the Spanish words that came from them.

bonus	**corpus**	**fortis**	**novem**	**novus**

¿Y qué haces?

If you participate in these four things, what are you doing?

una cumbia
un merengue
una salsa
un tango

Idiomas

Can you figure out the English equivalent of this idiom?

> **Piensa antes de hablar para no <u>meterte la pata.</u>**

Definiciones

Can you match the word in the left column to its meaning on the right?

"Yo soy..."

1. callado	a) persona que disfruta de los deportes
2. atlético	b) persona que sabe dibujar o pintar bien
3. gracioso	c) persona que habla poco
4. artístico	d) persona que les da risa a los otros
5. perezoso	e) persona a quien no le gusta trabajar
6. amable	f) persona simpática

¡Opuestos!

What is the opposite of
each of these words?

1. largo
2. alegre
3. peor
4. fácil
5. ausente
6. ancho
7. amargo
8. mayor

¿Qué vocales?

Put a vowel in each box to make four
words. Do not use the same vowel twice!

L		S
	■	
S		N

Televisión

Read the description of this TV show. Then tell what type of show it is.

El policía se para enfrente de la tienda. Ve la sombra de algo misterioso. Abre la puerta y escucha. Está a punto de entrar cuando...

un documental

las noticias

un programa de acción

Tú dices ¡sí! Yo digo ¡no!

What is the opposite of each
of these expressions?

también / _____

_____ / ningún

algo / _____

alguien / _____

_____ / nunca

Refrán

Fill in the blanks with vowels to discover a popular expression. Can you think of an English equivalent?

P_c_   _   p_c_   s_   v_   l_j_s.

¡Acentos!

Where should accents be placed in these sentences?

1. ¿Donde estan los lapices amarillos?
2. ¿Cual es tu numero de telefono?
3. ¿De quien son estos calcetines anaranjados?

¿Dónde estamos?

Unscramble the letters to find four Spanish-speaking countries. Then use the circled letters to find the capital of one of those countries.

1. rounshad   _ _ _ ○ _ _ ○ _ _
2. cuerdoa   _ _ _ _ ○ _ _
3. pañesa   _ _ _ ○ _ _
4. xomicé   ○ _ _ _ ○ _

The capital city is _____

Refranes

Can you think of English
equivalents of these
proverbs and expressions?

En el peligro se conoce al amigo.
En gusto no hay disputo.
La esperanza es lo último que se pierde.

¿Qué animal?

We might write "arf" to represent a dog's bark. Can you match these animals to their Spanish sounds?

1. el perro	a) quiquiriquí
2. el caballo	b) muu
3. el gato	c) cua, cua
4. el gallo	d) meee
5. la vaca	e) jiii
6. la gallina	f) miau
7. el pato	g) guau, guau
8. el cordero	h) cloc, cloc

Adivinanza

Can you guess the
answer to this riddle?

¿Qué cosa es
que silba sin boca
corre sin pies
te pega en la cara
y tú no lo ves?

51

¿Qué clase es?

Hay círculos, rectángulos, triángulos, cuadros, etc., en la pizarra. En este momento, la profesora está explicando un problema sobre la circunferencia de un círculo. Algunos estudiantes usan sus reglas y calculadoras.

Es la clase de...

¿De qué se hace...?

What might each of the items
on the left logically be made of?

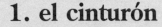

1. el cinturón
2. la chaqueta
3. los zapatos
4. el suelo
5. la casa
6. la camisa

a) de cuero
b) de algodón
c) de madera

Refranes

Can you think of English equivalents of these Spanish proverbs and expressions?

No hay mal que dure cien años.
No hay mal que por bien no venga.
Lo mejor es enemigo de lo bueno.

No me gusta que...

All except one of these expressions are ways to say that you dislike something. Which is the incorrect expression?

Lo que más me molesta es que...
Me cae bien que...
Me da horror que...
No me gusta nada...

Raíces

Using the pictures as cues, can you give the Spanish word that comes from each of these Arabic words?

al-jebr   al-qutn   jarrah   naranj   sukkar

¡Sinónimos!

Can you think of a Spanish synonym
for each of these words?

1. de vez en cuando
2. por supuesto
3. después
4. sin embargo

Idiomas

Can you think of an
English equivalent of
this Spanish idiom?

Necesito salir por un
momento. ¿Puedes
<u>echarle un ojo a</u> mi bebé?

¿Y qué significa... ?

Each of these sentences contains a different word where in English we would use the same word. What English word is that? What are the three Spanish equivalents?

1. Vamos a poner el equipaje en el baúl.

2. ¡Qué grandes son los troncos de estos árboles!

3. El elefante usa su trompa para traer la comida a la boca.

¿Qué es?

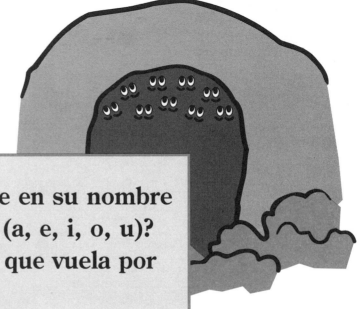

¿Qué animal tiene en su nombre las cinco vocales (a, e, i, o, u)? (Es un mamífero que vuela por la noche.)

¿Qué animal?

What is the Spanish word for the type of animal that each of these famous characters represents?

Porky	**Garfield**	**Pooh**	**Donald**
Mickey	**Pluto**	**Tigger**	**Bugs**

¿Qué clase es?

Hay mapas de muchos países en las paredes. El profesor tiene diapositivas y fotos de océanos y montañas. Los estudiantes hacen muchos informes sobre los continentes, los países, el clima, etc.

Es la clase de...

¡Opuestos!

Can you give the opposite
of these words?

subir	mucho
abrir	con
noche	lleno

¿Dónde en la escuela?

Match the school activity with the location.

1. asistir a una asamblea
2. poner sus pertenencias personales
3. hablar con el director
4. hacer un experimento químico
5. buscar libros de consulta
6. hacer ejercicio

a) armario
b) gimnasio
c) auditorio
d) biblioteca
e) laboratorio
f) oficina

Idiomas

Idioms are expressions that can't be taken literally. What English idiom do you think is the equivalent of this Spanish one?

Nunca creo lo que me dices porque te gusta <u>tomarme el pelo.</u>

¿Cómo se relacionan?

Think about how each pair of words on the left is related. How would you complete the pairs on the right?

1. rodilla : pierna	codo: ¿?
2. este : oeste	norte : ¿?
3. té : taza	leche : ¿?
4. mantel : mesa	sábana : ¿?

Televisión

Read the description of this TV show. What type of show is it?

UNA SEMANA EN LA VIDA DE UN CANTANTE
Nuestras cámaras acompañan al cantante famoso Ruidoso Sábado mientras él se prepara para un concierto en Barcelona. Incluye entrevistas muy reveladoras.

una telenovela

un documental

un programa de hechos de la vida real

43

¿De qué país eres?

Can you identify the country each of these people is from?

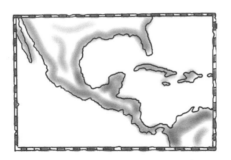

1. Me llamo Marta. Soy hondureña, de Tegucigalpa.

2. Mi nombre is Raúl. Soy costarricense.

3. ¡Hola! ¿Qué tal? Soy Jesús María. Soy dominicano.

4. Nos llamamos Lupe y Luz. Somos gemelas. Somos puertorriqueñas.

¡De vacaciones!

Unscramble the letters to find places you might visit on vacation.

ogla	sñtanamo
umoes	copam
paaly	velas

Expresiones

Can you think of English equivalents of these Spanish expressions?

Entrar con buen pie
Levantarse con el pie izquierdo
Buscarle tres pies al gato

Refranes

Can you think of English proverbs that are the equivalent of these?

A caballo regalado no le mires el diente.
Dime con quién andas y te diré quién eres.
Más vale prevenir que lamentar.

¿Dónde está la otra parte?

Can you find the appropriate ending for each word fragment on the left?

garg-	enta
só-	mano
set-	iente
ta-	anta
hu-	tano
ven-	ana
rec-	maño
sem-	tana

¿Dónde...?

In which of the locations on the right would you most likely find the people and things from the list on the left?

1. el columpio
2. los nadadores
3. las revistas
4. las gallinas
5. la montaña rusa

a) el parque de diversiones
b) la biblioteca
c) la piscina
d) el parque
e) la granja

En el mercado

How many of these vegetables do you know or can you figure out?

1. el apio
2. el brécol
3. las calabazas
4. la col
5. las coles de Bruselas
6. los espárragos
7. las espinacas
8. los guisantes
9. los rábanos
10. las zanahorias

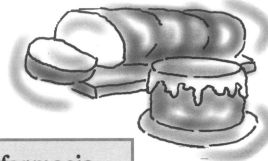

¡De compras!

In which store would you buy each of these items?

1. un pan	a) la farmacia
2. un vestido	b) la ferretería
3. un martillo	c) la pastelería
4. unas pastillas	d) la panadería
5. una torta	e) el almacén

¿Quién lo dice?

Who would most logically say each of the following things?

1. "Hay que seguir estudiando los microbios para encontrar una cura."

2. "¿Dónde estaba Ud. cuando ocurrió el robo?"

3. "¿Sabes dónde está mi raqueta?"

atleta

científica

policía

político

profesora

¿Dónde está la otra parte?

Can you find the correct ending for each word fragment on the left?

ter-	timo
comi-	ñar
ense-	to
ja-	que
par-	sco
sép-	cero
refre-	da
vien-	bón

¿Qué significa... ?

Each of these sentences contains a different word where in English we would use the same word. What English word is that? What are the three Spanish equivalents?

1. Los tenistas están en la cancha.
2. El príncipe Felipe y sus hermanas forman parte de la corte española.
3. El ládron entró en el tribunal con su abogada.

Opósitos

What is the opposite
of each word?

caro	cerca
abajo	bueno
grande	trabajador
alto	lentamente

¿Y cuándo pasó?

Can you say that you are not
going to do these things
because you already did them?

1. No le doy el regalo a Paco porque ya se lo ___ ayer.
2. No voy a México porque ___ allí el invierno pasado.
3. No como huevos porque ___ dos anoche.

Y la respuesta es...

Read the paragraph,
then answer the question.

El gato es pequeño. El ratón es más
pequeño que el gato. El pájaro es
aun menos grande que el ratón.

¿Cuál es el más grande?

¡San...qué?

Can you solve these riddles using words that begin with *san-?*

¿SAN?

Satisfago el apetito...pero, ¡cuidado! No trates de comerme sin pan. ¿Qué soy yo?

Soy verde al exterior y roja al interior con cientas de semillas negras. Y soy dulce, muy dulce. ¿Qué fruta soy yo?

¿Qué tiempo hace?

What clothing do you associate with each weather condition?

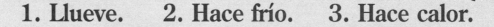

1. Llueve.   **2. Hace frío.**   **3. Hace calor.**

a) el paraguas

b) la bufanda

c) las botas

d) el impermeable

e) el traje de baño

f) el suéter

g) el abrigo

h) los pantalones cortos

¿Qué se asocia con el otoño?

Which three things in this list are <u>not</u> associated with *el otoño*?

suéteres	hierba amarilla	hojas marrones
enero	el Día de los Reyes	tulipanes y narcisos
el viento	fútbol americano	el Día de los Muertos

¿Y qué sigue?

The two words in each line suggest a sequence. Can you come up with the third word to complete the idea?

primero, segundo, ...
enero, febrero, ...
cinco, diez, ...
miércoles, jueves, ...

¿Qué pasa en el hotel?

Can you match each complaint with what a hotel manager might respond?

1. No tengo toalla.	a) Los llamaré a ellos.
2. El radiador no funciona.	b) Le traigo una en seguida.
3. Nuestros vecinos están haciendo mucho ruido.	c) Voy a traérselo.
4. No hay papel higiénico.	d) Lo repararé en seguida.

148

¿A quién describe...?

Which of these words describe
a man, a woman, or both?

joven	inteligente
simpática	deportista
guapo	trabajador

¡Acentos!

Where should accents be placed in these sentences?

1. Esta mujer esta viendo la tele, pero esa no esta haciendo nada.

2. Alguien dijo que no hay ningun azucar en el azucarero.

3. "¿Donde estamos?" yo pregunte.

¿Qué dices?

Match the expression with the topic.

1. Tengo 15 años.	a) Preferencias
2. Me gusta más leer.	b) Hora
3. Está lejos de aquí.	c) Excusas
4. Lo siento. No puedo.	d) Edad
5. A las seis menos diez.	e) Localidad

¡Cartas!

Can you match each expression with the type of letter the person is writing?

1. Quiero darte las gracias por...
2. Te deseo mucha suerte.
3. Espero que te sientes mejor.
4. ¡Feliz cumpleaños!
5. ¡Enhorabuena!

a) Good luck
b) Congratulations
c) Thank you
d) Get well
e) Happy birthday

31

¿Quiere Ud. que...?

All except one of these expressions
are ways to offer assistance.
Which one is not?

Sería un placer...
Si usted quiere, le podría...
¿Me permite usted en...?
No es necesario que...

UN PASO AL DÍA

¿En qué orden...?

Can you put these ordinal numbers in the correct sequence?

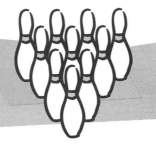

noveno	**segundo**
cuarto	**tercero**
décimo	**sexto**
primero	**quinto**
séptimo	**octavo**

UN PASO AL DÍA

Ropa

Unscramble these letters to find words that could describe articles of clothing.

aorc	puñoqee
evonu	eorgn
toarba	risg

¿Qué se usa...?

In which activity or activities would you use each of these items?

1. pasta dentífrica	a) lavarse el pelo
2. jabón	b) vestirse
3. champú	c) cepillarse los dientes
4. ropa	d) bañarse
5. una toalla	e) secarse el pelo

Para pensar

¿Qué le duele a quién?

Juan, María, Alicia y Beto están enfermos. A cada uno le duele algo diferente. Les duelen los pies, una muela, el estómago y un dedo.

Hace tres horas que Beto corre.
La madre de María llama al dentista.
Juan comió tres hamburguesas y dos helados.

¡Preguntas!

With which word would you begin these questions?

1. ¿___ dinero tienen Uds.?
2. ¿___ van al cine conmigo?
3. ¿___ está mi cartera?
4. ¿___ vamos a salir, antes o después del mediodía?

a) Cúando
b) Dónde
c) Adónde
d) Cuánto
e) Quién
f) Quiénes

¿Cuándo...?

Copy the timeline on a sheet of paper. Then put these time expressions in their appropriate place along the line.

mañana	**ayer a las cuatro**
anoche a las nueve	**pasado mañana**

ahora

¿De qué se hace...?

What would each item most logically be made of? Use each material only once!

1. una camiseta	a) la lana
2. las pantimedias	b) el cuerdo
3. una tienda de acampar	c) el nilón
4. un suéter	d) la lona
5. una cartera	e) el algodón

¡Actividades!

Match the activity with the body part.

1. ver	a) la boca
2. comer	b) la mano
3. bailar	c) la nariz
4. escribir	d) el ojo
5. oír	e) el pie
6. oler	f) el oído

UN PASO AL DÍA

Expresiones

Can you think of English
equivalents of these
Spanish expressions?

Buscar pelos en la sopa
Cuando las ranas críen pelos
No tener pelos en la lengua

¿Qué clase es?

Hay diccionarios bilingües sobre el escritorio del profesor y un mapa de América Central en la pared. Las preguntas del profesor y las respuestas de los estudiantes son en otro idioma.

Es la clase de…

Operadora

If you were in a Spanish-speaking country, you might need to talk to a telephone operator. Which of the following is <u>not</u> something an operator might say to you.

¿Qué número desea?
Puede marcar el número directamente.
¿Tiene Ud. la llave de su cuarto?
Cuelge y vuelva a marcar.

La primavera

Which three are not usually associated with *la primavera?*

flores	nieve	abrigos	lluvia
abril	pájaros	hojas verdes	julio
violetas	el sol	vacaciones	mayo

¡También se dice!

Just as in English, in Spanish a word may have several synonyms. Can you find the synonym for each item on the left?

1. la piscina	a) la pulsera
2. el pendiente	b) la recámara
3. el autobús	c) el idioma
4. la falda	d) la alberca
5. el brazalete	e) la pollera
6. el dormitorio	f) la guagua
7. la lengua	g) el arete

UN PASO AL DÍA

¿Qué letras?

In 1994, the Association of Spanish Language Academies voted to eliminate two letters from the Spanish alphabet. What are these two letters?

¡No es igual!

Can you find the word in each group that logically does not belong?

1. cocina	cuatro	comedor	cuarto
2. pierna	pulgada	piedra	pie
3. carta	cartera	sello	sobre
4. valle	vela	colina	campo

UN PASO AL DÍA

23

¿Y qué sigue?

The two words in each line suggest a sequence. Can you come up with the third word to complete the idea?

semana, mes, ...
hija, madre, ...
pequeño, mediano, ...
menos, igual, ...

¿Y qué sigue?

Each pair of words suggests a sequence. Can you come up with the third word to complete each series?

1. antes, durante, ...
2. encima, sobre, ...
3. venir, quedarse, ...
4. segundo, minuto, ...

¡Pregúntale!

How would you ask a friend…

1. what he or she is studying?
2. how he or she is feeling?
3. how many sisters he or she has?
4. what color something is?

¡Acentos!

Where should accents be placed in these sentences?

1. Yo tenia una coleccion de monedas antiguas. ¿Tienes tu algunas colecciones?

2. Mi madre decia que no hay examenes demasiado dificiles. Solo hay estudiantes que no se preparan.

3. —¿A que hora salio papa? ¿A las seis? —Si.

¿Verdad o falso?

Are these statements true *(verdad)*
or false *(falso)*? If false, correct them.

1. Hay sesenta minutos en una hora.
2. Hay cincuenta y tres semanas en un año.
3. Hay trece pulgadas en un pie.
4. Hay doce huevos en una docena.
5. Hay trescientos sesenta y cinco días en un año.

¡Falso!

Can you find the wrong word in
each sentence and correct it?

1. Siempre debemos lavarnos las manos
   con agua caliente y sopa.

2. El jugador de béisbol tiene el nombre
   de su equipaje en su gorra.

3. La esquiadora se rompió dos huevos
   de la pierna derecha.

¿Dónde lo haces?

Match the activity with the most logical location.

1. bucear	a) la cama
2. desayunar	b) el mar
3. descansar	c) la tienda
4. ir de compras	d) la montaña
	e) el comedor

¿Qué tienes?

Can you complete the sentences
using the appropriate expression?

1. ¡Ay! Necesito dormir. Tengo ___.	calor
2. ¿Me puedes traer agua? Tengo mucha ___.	frío
3. Esa respuesta es correcta. Tienes ___.	hambre
4. Tengo ___ de las montañas rusas.	miedo
5. ¡Qué sol! Tengo ___.	razón
6. Pido una hamburguesa. Tengo ___.	sed
	sueño

¡Yo!

What do the *yo* forms of each of these groups of verbs have in common?

¿Yo?

GROUP 1	GROUP 2	GROUP 3
dar	hacer	conocer
estar	poner	obedecer
ser	tener	ofrecer
ir	traer	reducir

¡También se dice!

Can you match the synonyms in the two columns?

1. la sala
2. el coche
3. el césped
4. la habitación
5. el guardarropa
6. el apartamento
7. el elevador

a) el carro
b) el ropero
c) el piso
d) el ascensor
e) el dormitorio
f) el living
g) el pasto

¡Matemáticas!

Can you solve these
math problems?

Veinte más diez son ____.

Cuarenta y nueve dividido por siete son ____.

Ocho por nueve son ____.

Cinquenta y seis menos once son ____.

¿De dónde vien?

Can you match the food with its origin?

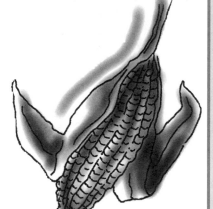

1. el jamón
2. los huevos
3. el carne de res
4. el pan
5. una tortilla
6. la leche
7. el azúcar
8. el tocino

a) la vaca
b) la gallina
c) el trigo
d) el maíz
e) la caña
f) el cerdo

¿Quién es?

¿Quién es el abuelo de Marta?

Marta es la hermana de Jaime.
Pablo es el hermano de Emilio.
Emilio es el padre de Jaime.
Samuel es el padre de Emilio.

Adivinanza

Can you figure out this riddle?

Blanco por dentro, verde
por fuera; si quieres que
te lo diga, espera.
¿Qué fruta soy?

¿Dónde está...?

Match each item with the room in which it is commonly found.

1. el sofá	a) el garaje
2. la estufa	b) el dormitorio
3. la cama	c) el baño
4. el coche	d) la sala de estar
5. el lavabo	e) la cocina

¿Qué animal?

What is the Spanish word for the type of animal represented by each of these famous characters from literature?

Pooh	Kanga	Owl	Ferdinand
Tigger	Eeyore	Bambi	Lassie

¡Rimas!

How many one-syllable Spanish words
can you think of that rhyme with each
of these words?

voy
mal
ve
bien

Ellos van a San Juan.

UN PASO AL DÍA

¿Qué hacen?

Using the pictures as cues, can you tell what these professions are?

1. bombero
2. carpintero
3. cartero
4. electricista

5. fontanero
6. guardabosque
7. jardinero
8. peluquero

¡Y la nueva palabra es...!

What new words can you make by adding a letter at the beginning of each of these words?

__ hora   __ ajo   __ ama
__ año   __ oca   __ olor

Frutas cítricas

How many of these citrus fruits do you know?

la lima	la mandarina	el pomelo
el limón	la naranja	(*or:* la toronja)

Le sugiero que...

Three of these expressions are ways to offer suggestions. Which one is not?

Lo mejor sería...
¿Por qué no...?
¿Qué piensas hacer?
Sería mejor idea...

Refranes

Can you think of English
equivalents of these
Spanish proverbs?

Llueve sobre mojado.
No hay día sin noche.
No hay nada nuevo bajo el Sol.

Refrán

Fill in the spaces with vowels
(a, e, i, o, u) and find a popular
Spanish expression.

"Q _ _ _ n   d _   j _ v _ n
n _   tr _ b _ j _ ,   d _
v _ _ j _   d _ _ rm _
_ n   p _ j _ ."

Números...verdad o falso?

Are the following statements true *(verdad)* or false *(falso)*? If false, can you correct them?

1. Hay treinta días en junio.
2. Hay setenta minutos en una hora.
3. Hay cincuenta rayas en la bandera de los Estados Unidos.
4. Hay cien senadores en el Congreso de los Estados Unidos—cincuenta de cada estado.

¿Te gusta el arte?

Unscramble the circled letters from each clue and discover the name of a famous museum.

lo que llevas   ⊙ _ ⊙ _ _ ⊙ _

cien centavos   _ _ ⊙ _ ⊙ _

madre y padre   _ _ ⊙ _ ⊙ _ ⊙ _

los usas para ver   _ _ ⊙ _

_ _   _ _ _ _ _ _

¿Con qué se asocia...?

Can you match each profession with the item with which it is most closely associated?

1. architecto	a) edificios
2. pintor	b) orquestas
3. contador	c) cuadros
4. político	d) números
5. músico	e) leyes

Refrán

Unscramble each group
of letters and discover a
common Spanish saying.
What is its English
equivalent?

le	epoitm	se	roo
_____	_____	_____	_____

¡Pregúntale!

How would you ask a young person from out of town whom you had just met…

1. how old he or she is?
2. where he or she is from?
3. what the weather is like there?
4. what the young people do on the weekends?

¿Qué letra?

Which letter is the answer
to this riddle?

En un momento dos veces,
en un minuto una vez
y en cien años no la ves.

¿Cuándo?

Did these things take place in the past, are they happening now, or will they happen in the future?

1. Para mi cumpleaños recibí cincuenta dólares.
2. Cuando tenga 16 años, recibiré mi permiso de conducir.
3. Hace dos horas que hago los quehaceres que no hice ayer.
4. Estamos encendiendo el horno porque hacía frío cuando entramos.

en el pasado
ahora
en el futuro

¡No es igual!

In each group, find the
word that doesn't belong.

1. el lago	el mar	el río	el sol
2. la librería	el libro	el periódico	la revista
3. la nariz	la manzana	la naranja	la uva

¿Cuántas frases?

How many sentences can you create from these words? You can't change any of the words, and you can use each word only once in any sentence.

el amarillo cuarto está en la cama es

¿Dónde viven los animales?

Match each animal with where it lives.

1. el hipopótamo	a) la nieve y el hielo
2. el oso polar	b) las montañas
3. el mono	c) el río
4. la llama	d) los árboles

Para pensar

¿Adónde va cada uno?

Marta, Pablo, Pilar y Jorge van a lugares diferentes. Van a la playa, al gimnasio, a una clase de trombón y a una exposición de cuadros y esculturas.

Marta no es deportista, pero nada bien y le gusta mucho. Pilar toca varios instrumentos y tiene una grandísima colección de discos. A Pablo le gusta dibujar cuando tiene tiempo de hacerlo.

Busca la palabra

Unscramble the words to find the name of a famous Spanish painter.

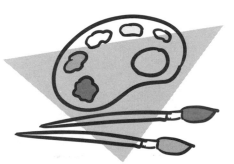

AYRE _____ _____ _____ _____
              1

TOAG _____ _____ _____ _____
         2

CORE _____ _____ _____ _____
                        3

TAES _____ _____ _____ _____
                        4

_____ _____ _____ _____
  2   3   1   4

¡Opuestos!

Can you give the opposite
of these words?

comprar	seco
encender	caliente
cerrar	agrio
levantarse	limpio

Trabalenguas

Try to say this tongue-twister five times!

Cuando cuentas cuentos
cuenta cuántos cuentos cuentas,
porque cuando cuentas cuentos
nunca sabes cuántos cuentos cuentas.

¡También se dice!

Can you match the synonyms in the two columns?

1. el sello	a) la libreta
2. el bolígrafo	b) el afilalápices
3. el borrador	c) la estampilla
4. la computadora	d) la goma
5. el periódico	e) el diario
6. el cuaderno	f) el ordenador
7. el sacapuntas	g) la pluma

¿Cómo se termina?

Try to finish the rhyme!

A, el burro se va,
E, el burro se fue,
I, el burro está aquí,
O, el burro se ahogó,
U, el burro eres _____.

Más frutas

How many of these fruits
do you know?

1. el arándano
2. el durazno
3. la ciruela
4. la cereza

5. la frambuesa
6. la nectarina
7. la fresa
8. la uva

Refranes

What English proverbs
and expressions do you
know that are equivalent
to these?

Más vale pájaro en mano que ciento volando.
Por el canto se conoce el pájaro.
Matar dos pájaros de un tiro.

¿Con qué se asocia?

Can you match the mode of transportation with the action and the person who does it?

1. barco	a) montar	i) conductor
2. coche	b) caminar	ii) piloto
3. avión	c) navegar	iii) ciclista
4. pie	d) manejar	iv) marinero
5. bicicleta	e) volar	v) peatón

¿Cómo se relacionan?

Think about how each pair of words on the left is related. How would you complete the pairs on the right?

1. menos : más	pequeño : ¿?
2. primero : último	empezar : ¿?
3. duro : suave	fuerte : ¿?
4. arete : oreja	anillo : ¿?

Refranes

Can you think of English equivalents of these Spanish proverbs?

De la mano a la boca se pierde la sopa.
Por la boca muere el pez.
En boca cerrada no entran moscas.

¿Sabes...?

Can you figure out this
riddle in Spanish?

**¿De qué color era el caballo
blanco de Napoleón?**